EróGena

Memoria de la Fiebre

Colección de poesía

Poetry Collection

Feverish Memory

Luissiana Naranjo

ERÓGENA

Nueva York Poetry Press®

Nueva York Poetry Press LLC
128 Madison Avenue, Suite 2RN
New York, NY 10016, USA
+1(929)354-7778
nuevayork.poetrypress@gmail.com
www.nuevayorkpoetrypress.com

eróGena
© 2023 Luissiana Naranjo

ISBN 13: 978-1-958001-80-6

© *Memoria de la fiebre / Feverish Memory* 06
(Homage to Carilda Oliver Labra)

© Editor in Chief:
Marisa Russo

© Blurb:
María Pérez Iglesias

© Cover Designer:
William Velásquez Vásquez

© Typesster
Daniela Andrade

© Cover and Interior Photographs:
Author's personal archives

Naranjo, Luissiana
eróGena / Luissiana Naranjo. 1ª ed. New York: Nueva York Poetry Press,
2022, 184 pp. 5.25" x 8".

1. Costar Rican Poetry   2. Central American Poetry

A mi madre Lilliam
y a mi hija Marypaz,
balance de mi universo.

Estás muerto cuando deja de atraerte el placer,
cuando ya no piensas más que en evitar el aburrimiento
y no te importa que tu vida sea más ausencia
-de dolor, de pasión, de entusiasmo-
que contenido.

La invención del amor
José Ovejero

#DiatribaEróGena

IMPERTINENTE SOLEDAD

Estar sola no es un paso deshabitado.
No es la desértica idea de temer
    a los destierros.
Es abrir la ventana huérfana
y pensar en la huidiza sensación
    de la libertad.
Habito desde la oruga que se escapa
    lentamente.
Habito desde el sol ermitaño huyendo de
    noche.
Habito en la similitud de mi otra sosería,
la otra que es diáfana,
sin moderación.
Habito desde lo ordinario,
insumisa de las normas colectivas.
Habito desnuda desde mi ser irrepetible.
Habito desde la torpeza facundia y suelta.

No es estar sola, es ser sola.
Sola con la liquidez de lo mundano
que no es más que un deshecho exclusivo
de lo gaseoso.

Tan única es mi habitación de multitudes,
de poesía concurrida y despierta.
Es mi voz dormitiva que se llena de abra-
zos maternales,
con mi sexo presente y evasivo.

Ser sola es mi secreto,
el enigma de mi quietud.

A MI VIRGINIA WOOLF

Es de madrugada, Virginia.
Tengo habitación propia. Una cama, un
    escritorio de tumultos, demasiadas
    palabras, necesarios querubines y
    una que otra lágrima.

Los hijos crecen y el mundo será tan
    ancho que no encontraré orillas ni
    despeñaderos.
Estaré conmigo, dentro de mi silencio,
    a veces liviano, a veces tortuoso.
No se deja un pasado, de la noche a la
    mañana. Pondré un libro y un radio
    cerca de mi cementerio, así no lo
    oirán los muertos reescribiendo mis
    sombras.

Mi voz se oirá por toda la casa, le hablaré
    al perro que todo me entiende, me
    bañaré tarde, cuando el sol salga
    después de mis caminatas, la tristeza
    saldrá y será testigo de todo.

Sentiré la risa acorde a mi día y la
mantendré allí, abierta y espontánea.

Virginia, todos necesitamos de una
habitación propia y así soltar las
ataduras impuestas por lo carnal,
la mente y el invierno.

Y ahora, ¿Cuándo querré salir de ella?

MUJER NADA MÁS

Tengo el cuento de las princesas
atado a un vestido glamuroso y falso,
parecemos un botón plateado de mentiras,
un vientre buscando castillos con nubes
tras nube y flameantes banderas,
no es multiplicidad de género,
no es desconvenir los discursos,
no es la mujercilla con nuevas aposturas,
somos menos que la ambición
    desenfrenada.

Somos, somos, somos...
aguerridas con voces estruendosas,
cuerpos diversos con mentes
        sin prototipos,
un muelle de orgasmos si quieren,
olas fecundas en el mar intrépido,
una semilla de minuciosidades que brotan
        por doquier,
un mimo del no y del sí en la maternidad
donde la piedra es más que piedra y
        los hijos más que hijos.

¿Somos, somos, somos… el ingreso,
la pulsación,
el cuerpo,
el sexo,
lo hábil,
aquella hoja verde e ingenua del árbol
muerto,
o ¿la mujer maravilla desde todas
las edades?

MAREA ROJA

De niña, la marea roja llegaba como aguas
    turbulentas cada 28 días.
Me dijo el secreto que el dolor me traería
    la maternidad. Desde allí padezco
    con mi planetario, la odisea de ser
    mujer.
Crecer para evolucionar, para adolecer en
    mis pechos rígidos, y en mi cadera
    llena de partiduras o gajos de lima.
La marea roja me pone a llorar con
    incesante malhumor, como reniego
    y vestidura estrecha.
La dejé acostumbrarse en mi cuerpo y
    en mi mente; la suelto, la suelto y así
    no causa desvíos en mi vida.
Ahora, la marea roja quiere irse…y tengo
    nostalgia.
 O me visita muchos días o se aleja y creo
    que me está abandonado.
Debo prepararme dicen, yo solo quiero
    decirle a adiós.

Despertar de vuelta con mi piel más seca,
envejeciendo y lista para continuar con la
otra marea,
la espuma de la vejez.

VIOLONCELLO

Abro las piernas como abrir la insolencia,
toda de mí es música,
toda de mí es esencial,
toda de mí es saber que mi cuerpo
me pertenece.
Abro las piernas como soltar mariposas,
las notas altas de mis fuegos.
las notas bajas de mi ánimo,
las notas mujer de mi liberación.

* "Hasta el siglo XIX el *violoncello* fue un instrumento
vetado a las mujeres por culpa de la postura que debe
adoptar el ejecutante: las piernas abiertas de par en par
para dejar espacio a los 45 centímetros que tiene, de me-
dia, el instrumento en su parte más ancha.

Una diatriba menopáusica

Aquí me ven,
con 54 años,
el pelo teñido,
a veces de amarillo o tenue rojo,
porque me gusta ser atardecer,
dueña de mi propio sol
o el mal clima que me dejan las marcas.
No soy un boceto de vida,
soy una construcción firme, y no importa
       la impugnación de los delirios
      ajenos,
la contradicción del otro porque me
      afirmo distinta, sin contrapié,
viceversa,
aulladora,
descuidada de los prototipos,
extravagante por contrición,
por feudar mi territorio,
y no dejar que nadie me lastime.
Aquí me ven, con la delicia de que amé
suficiente,
y mucho hasta el hastío,

censurada,
culpada de palabras sedientas.
deseos impropios,
culminante,
juez solo de mí misma.
Murmurada por los débiles y pregoneros
de justicia en demasía,
de moralistas y machistas que dicen
    defender a la mujer y las
    usan, y las
    destrozan, y las
      juegan.
Aquí me ven completa,
feliz de mi tristeza,
de una soledad que no reclama porque es
    mi decisión,
cubierta de frondosidad como son los
    bosques, un árbol pequeño,
sinuoso y enraizado,
tanto de mí,
que a nadie le debe importar.
Avestruz del tiempo,
ve a tu granja,

mete tu cabeza allí
o corre con tus excesos
que yo vuelo más ligero y tranquila con
la frente en alto.

LA TEORÍA DEL AMOR VIRTUAL

Estás ahí y no me condeno.
Amarte de la forma como te conocí.
Tierra fértil o dos pájaros que vuelan entre
pinares buscando cómo esconderse del sol.
Me digo que la soledad golpeaba mis rocas
hasta astillarme de suavidad.

Abrir mi alma desde el rechazo de otros,
desde la cobardía de sus intenciones. To-
maste mi dolor y corazón roto y le diste la
prioridad de un capullo que se ve nacer en
una rama fuerte como estancia que no se
romperá para que ella pueda volar.

Tomar la dicha que nadie me programe
cómo debo amar y fugar mis ansias sobre
las montañas.

Ahora, cultivo sobre profundidades y no
sobre altas expectativas. Eres mi realidad
cuando nos fugamos de la utopía y todo es
tan certero como el amanecer.

PECHOS CAÍDOS

Mis torres no son gemelas, están caídas…
Solo retumban las voces de los que
    pretenden no amarlas, ni desearlas.
Mis pechos son raíces y amamantaron el
    gozo de mi hija.
Son libres de sujetadores en construcción.
Ya serán así para siempre, orgullosas y
    longevas.

Lo que fueron no me importa, ni a vos.
    El aire las sujetó hermosas
    hasta el vértigo de los años que
    pasan y pasan.
No son castigo del amor.
Porque quien ama, las ama así,
    flojas de tanta ternura.

Ponte las dos y siente lo que pesan:
    valor, rigor, empuje de botones y
    suavidad del rosado ser de una rosa
    vieja.
Mis pechos no añoran nada más que
    ser besadas por la luz de la luna.

DESDE LO IMPOSIBLE

Siempre serás la libélula que danza
y yo, la roca donde se posa liviana
y te admira.
Lo que fue,
fue luz entre los secretos
que nunca se revelaron.
Allá con el pasado
que siempre será tu presente.

Esta rotación de planeta
que es nuestro corazón
girará en la memoria
de toda fuerza de gravedad
y los imposibles.
Ama la flor muerta
que mi jardín tiene raíces siempre
emergentes al cielo.
Hubiese sido la historia
de un gran poema.

DECIR QUE LA AUSENCIA NO ES LUZ,
mientras tomo tu mano imaginaria
y juego con tu dedos gruesos y cansados
de la vida.

Descansa sobre mí con la ferocidad del
aguacero o la ternura de la llovizna.

Me acomodo a tu pecho para abrazar
la costumbre que auguro en esta
historia.

Amor, la luna se despoja sobre tu cuerpo
para que me sientas
noche, estrella y arrojo.

Eres un dulce canto de grillos
y latidos inseparables.
No sueltes el ansía ni ya, ni con los años.

Aclaro,
no me apena amarte y seguir la humareda
en el campo sigiloso hasta
el próximo beso
y el boscaje de nuestro territorio.

Encontrarte fue un mar en calma.
Eres tibio con la primera salida del sol.

Insiste,
sé anuente con esta declaración del agua.
Nos beberemos siempre.

FALSO PERFIL

Ya vendrá la osadía del amor.
Ni siquiera te acercas.
Te rendiste o eras un falso perfil.
Podría decirte pendejo, pero te digo lluvia
o quizás, dulce de mango fresco.

Tanta piel para borrar tus fantasmas y no
me crees o no te soy digna.
Ya tendré mi resguardo de piedras y luces.
El hogar que tengo en mi corazón, existe.
Vendrán unos ojos que quieran amarlo y
desesperadamente.

Tienes miedo a mi lucidez.
Te gustaba el morbo de mi locura. Ambas,
        soy yo. Ambas, desean de la misma
        forma. Acepto la despedida.

Iré al mundo pirata
a encontrar los tesoros del alma.

Naufragaré allí porque fui tu imaginario.
Siempre ha sido real esta equivocación de
    pretender amarte.
De todos modos,
el sol nunca fue mi fuerte.

DESDE EL DOLOR

No hay precisa, amor,
en este laberinto donde encierras
    tus historias encendidas.
    Sana, siente y libera

Me haré invisible hasta que quieras
    encontrarme.
Espero que la primavera me lleve a vos o
    nos lleve separados a otras
    estaciones.
No sé si es un adiós recurrente, un hábito
    de vernos en posts solo por la gracia
    y la costumbre.

Ya veremos si el camino
    nos separa o nos une.
Ya nada duele porque somos tan libres
    podemos dejarnos en
    la suavidad y en la tibieza
    de un posible, imposible.

Abierto está mi corazón al jardín de otras
semillas, también necesito florecer
de otro modo, con ese
que se arriesgue a no soltarme.

Toma tu tiempo, que el mío seguirá
su curso,
aunque extrañe lo que nunca ha sido
"nuestro".

ÓPTICA

Se desploman los muros
    de mi ilusión barata,
        el autoengaño
        de que me amas,
        las tórtolas enamoradas
    de mi jardín imaginario.
No más tocar puertas que nunca se abrirán
    porque la cerradura solo son vacío y
    noche.
Ya las estrellas no son la luz de tus ojos, ya
    el sol cae sin el desplome de verte
    en él.
Solo es una despedida.
Solo es retomar mi cordura y sentarme con
    la realidad.
Nací para liberar mi corazón en un charco
    y caer en él, estúpida e ingenua.
Sola iré donde la ruta se abra.
Tal vez podré encontrarme y ser feliz.

LIBERANDO

Me motivo a desaprender sobre los apegos
distorsionados.
Desapego de las herencias políticas del
bipartidismo o las teocracias.
Desapego por las ideologías baratas que la
historia repite.
Desapego por la religiosidad de mis
ancestros y pensar en una fe, no
plural y genética como se pretende
concebir.
Desapego por el nacionalismo rival en una
cancha de fútbol.
Desapego de la vida en esta ruin teoría de
que todos nacemos y morimos sin
propósito.
Desapego al cordón umbilical.
Desapego al sentido de pertenencia.
Desapego a los amigos y amores que
lastiman.

Desapego a la comercialización de mi
cuerpo, de la belleza, la perfección o
el puritanismo de la doble moral.
Y un desapego suficiente al sentido `
personal que le doy a mi libertad.

LA CUESTIÓN

Eres el que ves,
con soles o sin ellos.
No hay un "yo" sin un "nosotros".
Escucho tu eco,
te siento en mi clamor.
Me arrodillo en las profundidades del
    océano.

¿Eres?
Luciérnaga propia.
Río cercano.
Piedra entre piedra.
Mar azul.
Corazón.
Deseo.
Hombre de Dios.

NIEBLA
(A.P)

Dios me lo quita.
Me asusto.
Luz de la flor en mí.
Llueve en mi cara.
Despido mis dragones.
Esculpo un pezón sostenido.
Es música para dormir.

Amarte y amarte
        como los Salmos al sediento.
Ambos cantaremos todos los solsticios
y un cuerpo será el Todo.

INSOSTENIBLE

Cuando la ira no persigue
y sales a la calle a buscarla.
El caño es el orinal de los sin rumbo.
El frío desde una acera como muchas
    almas que no saben que han
    muerto.

Hay furia en las filas largas de todas
    las esperas por una ventanilla.
Hay risa con mínimos poderes
    de una oficina para el mundo.
Sentarse duele, literal.
Dormirse duele, literal.
Vivir duele, literal.

Amar desde el cuerpo
    vulnerable y solitario.
La desnudez pesa
    sobre todos los hombres.
El deseo muere
    sobre todos los deseos.

¡Corran que el desprecio se asoma cuando
lo que amabas
ya no es presa,
ni dominio!
La suciedad es caminar lo indefendible,
parodia del humedal
de las descorazonadas satelitales de
líder.
¡Poesía,
solo tú puedes libranos de ellos!
a todos los líderes malos del mundo!

¿PODRÍA SER REAL?

Abro la ventana, y siento el querubín de
    tus cánticos.
Pacificas mi alma en medio del mundo
    turbulento y ruin.

Arábigo será el encuentro de las voces
    multiplicadas de amor.

No me ciego a tu altura.
Soy chiquita, vertiginosa.
Revuelta de consentir cariño y restaurarlo
para derrotar
    los muros,
    los silencios.

Sería lindo mirarte lento y pensar que nos
    hemos elegido, aun pusilánimes de
    una certeza que nos invade.
    ¿Podremos?

Es un misterio la espera hasta que sea
    comprensible y llegue la calma.

No hay disimulo para dulcificar
mi corazón.

No me sentiría perdida si me adentro
a tu bosque para rescatar entre las sombras
la luminiscencia de besos y abrazos ante
los humedales.

Sería tan emocional la golondrina en ese
sueño donde te añoro, casi una oración
milagrosa de la luz que nos unió.

Solo descanso si fuera verdad la espera de
verte en la minuta próxima de mi corres-
pondencia.

QUERELLA

Una realidad que parece imposible.
Encajar en un globo donde yo soy
    tu cactus.

Préstame tus alas.
No desistamos en este vuelo que
    nos pertenece.
Ambos sabemos soñar heridos.

Válido es llorarte.
Sé que estas aquí, esperándome.
Lloro en la novela que te escribo.
Eres mi Job resiliente y veraz.

Avísame si ya llega tu adiós.
Tengo riachuelos para humedecer
    nuestra soledad.
Mi querer es una resolución.
El espíritu de todas las cosas me dice:
    "puedes creerle, déjame creerle".

¡Nada de lástima!
¡Nada cataratas que agrieten el semblante!
Estás lejos y la vida es rara, dulce,
insípida perdonadora y juega insegura.
Dame el rey del ajedrez,
la coartada será el empate de dos amantes
que en secreto se aman.

¡ESTÁS?

Ser es distinto en todos.
Amar, también.
El yigüirro se estaciona
en el árbol muerto de mango.
Muere todo.
Los otros.
Los de siempre.
Los nosotros.
Si mueren los seres vivos,
el amor también perece.

La diferencia es terrenal.
La dimensión espiritual
        es que nunca morimos.
La esperanza es vivir otra vez,
y amar, otra vez.
Amar hasta el cansancio.
¿Estás por ahí?
Amor, ¿estás por ahí como la muerte?

¿ES EL NOMBRADO AMOR, UN ACTO EN LAS AGUAS DEL GÉNESIS?

¿Es el Cosmo, una visión divina,
un espíritu constructor, clasificador,
alfarero, pintor, poeta, músico,
dueño del bien y del mal,
de la fuerza y la debilidad,
del poder y la ingenuidad,
del miedo y la seguridad,
guerrero y pacificador,
revoltoso y jerárquico,
imagen y desplome?

Por lo tanto, ¿es el hombre una respuesta
o una pregunta?

CAFETEANDO

Mañana no será mi vida
antes que el tiempo transcurra, basta
    mi oxígeno,
    mi café
para determinar si me lastiman tus mares.

Ridícula me siento decir:
    amor,
    amor grande,
    amor inmortal,
    amor de frenesí.

Solo te diría
    amor
como levantarse cada día,
imaginar lo trivial de su significado
    hasta el olvido.

Es un agujero amarte,
entrar allí,

tan oscuro de despeñaderos,
tan penetrante por no regresar,
dejarnos perder
en la profundidad planetaria,
un coral negro casi muerto por los peces
que ya no habitan.

Y me habitas como especie natural,
como depredador,
como cardumen,
y solo quisiera que te sientas conmigo
a ver la tarde y tomarnos el café presente.

AMBOS SOMOS TRÓPICOS

Cada vez que vienes a mí,
siembras cocos y ciruelas,
un frutal de alegría,
algo tenue como un rayo de sol,
una vida que no existía,
un ramaje de oropéndolas que se mueven
despiertas a tu viento.

Recaiga el deseo de estar cerca, cerquita,
para que nuestros cuerpos sean, un trópico
húmedo.

OFRENDA

Un te quiero de fondo con la luz,
que no será luz, ni ofrenda, si no quieres,
sin las piedras del río que ostentan mo-
verse tras la corriente
y la tibieza de su paso.

No auguro si lo sientes pretensión,
ni una vez, amar así, que ya todo lo he per-
dido.
Es lluvia que refresca a mis margaritas.
Una imaginación del amor tan necesaria
como realidad.
Un acercamiento donde mis latidos se
mueven.
La esencia y búsqueda de todo. Lo posible
e imposible.

Una tristeza de no ser, de no serlo contigo,
de refrenar el amor,
tan de colores en mi boca, en mi pelo y en
mis sueños.
Un paso atrás, si lo decides, sin la

clemencia del invierno y su soledad.
Solo, puedo abrir mis lirios y azucenas en
tu pecho,
y, en tu voz, mi colibrí mañanero, que an-
sía los minutos,
después de una noche tardía.

Nada es para sustituir, para borrar, para
usurpar los campos, tan únicos y conti-
nuos de su brizna de amor y sus ayeres.

Solo trascendieron palabras en un papel
para ver el mundo
que había perdido en mi oscuridad y que
quiero vivir acariciándole contigo.
No entiendo, si debo huir o quedarme. Tú
decides.
Pero ya nació en mí, un para siempre y
quedará allí,
como la memoria de muchas respuestas.

ESPERA

La brizna te llegará.
Siente el frío en mí.

¡No importa!

Doy el calor a tu cuello
y duermo en tus sueños.

Constrúyeme a tu lado.

Es un día para felicitar el ansia.

Alguien quizás llegue con la luz que buscas
sino aquí estaré,
esperándote.

LA GLADIOLA

No me daré por vencida,
aunque a veces lo quisiera,
y decir que jamás volveré a unos brazos
que no quieran soltarme.

Amaré y me amarán con la claridad de los
amaneceres que busco. He dejado de mirar
la esperanza de la nube cuando se desgarra
en la salida del sol.

No hay penumbra que amen a los muertos
y a los vivos.
Mientras seas feliz amando.

Tengo la fecunda idea de morir amada y
besada como si no hubiese nunca despe-
dida. Te entiendo, quédate allí, con su
sombra esperando luz resucitada.

Mi mujer se abre como una gladiola.
Esta que soy,
se dejará ir,

sin miedo al encuentro,
se atreverá al sí.
Ya vendrá el que tenga el valor
de gastarse conmigo,
un cuerpo,
un espíritu,
un corazón,
para siempre,
para siempre.

DESCIFRAR EL ENIGMA

Adivinar quién es
la aurora de tus campos,
la amada gacela de tu desierto.

Adivinar el amor
más cántico de Salomón
en tu boca.

Solo susurro
tu bien
y mi amor es
solo una sombra
de esos dátiles devorados
sobre mis pechos.
No dejo de latir en mis volcanes.
No hay felicidad que me arrebate
este imaginario de una sola carne,
contigo.

Pero ama,
así tan voraz
como una nota sostenida.

Soy feliz de verte amando
aunque no sea conmigo.

Ya pasó los nublados de la herida,
sanarás...con otro cuerpo dulce y tibio.

Arderás...mi sol cósmico
y verás de nuevo con esos ojos abiertos a
la savia.

Te amo tanto que acepto
no ser el verso que te inspira.

La luna erógena se quedará en mis brazos.

EDAD PLANETARIA

Ya no tengo rostro para ser el planeta
muerto que llevo adentro.
Ya no tengo edad para mandar cartas de
amor, aunque siempre las escriba...

Al que las desea,
van estas palabras,
sin saber quién eres.

Sostén mis manos de enredadera,
simple imaginario
de mi "sí" constante,
de mi "sí" que duele.

No vendrás, lo sé,
no me verás a los ojos
porque mirarlos sería la única consecuen-
cia de quedarte conmigo.
Disimulo esta larguísima espera ante tu
luna imposible.

¿ Y QUÉ?

La ninfa
está
en
tu
bosque
y
no
tiene
una
boca
imaginaria.

INFAUSTO

La felicidad es ese ruido de pájaros
en la última hora de la tarde.
La cercanía o la distancia
deja de ser costumbre
cuando lo primero,
                        es amarme.

Ya fue una noche
donde apareció el evidente escalofrío,
los ojos en mis ojos,
el cuello de garza entretenida,
y sus palabras de vértigo
como mareas intrépidas.
Llego a la orilla del mar,
y te vas,
no regresas,
es para siempre,
el "no regresar".
La dicha no es mía.
Mi libertad flota.

Todo duele
cuando la intuición se equivoca.
La certeza del amor
            es segura para el amor.
La certeza de la amistad,
            lo mismo.
Mientras, esa necedad
de sentirse igualmente amada,
es la misma naturaleza
del baile, del cortejo
o la compañía, de los pingüinos.

La naturalidad de la confianza
es el murmullo ulular
de que hay viento afuera.
Quererse de la forma que dos saben
con qué intensidad hacerlo
es el camino de burlar
el ego y el resentimiento.
¿Puedo soplar dientes de león
que no vuelen antes de caer y fertilizarse?

EL COLIBRÍ QUE NO SOLTARÁS

Lo repites como si no lo supiera.
Es difícil para un ser que pierde su fuego,
ser él mismo con su vacío de túnel.
O al hijo que vuela lejos cayéndose con sus
plumas de a poco y madurando dema-
siado, o a los seres que amaste y ya no
vuelve reconocible e insomne.

Es otra ceguedad donde el sol encandila.
La estela va por la ruta de lo eterno. Mujer
o niño que se va y será lágrima contenida.
Deseara atravesar tanta luz, pero mi som-
bra opaca.
No soy la altura del monte aclamado, eso
también, lo sé.

A veces, confundimos la joyería fina y su
alma de piedra trabajada. Será lo inverso,
serás mi colibrí.

Brilla junto a la distancia y que la edad no
me venza.

Sí, es la luna que te invade,
te pronuncia,
te marca,
te incomoda,
te susurra
te ama,
y te suelta,
sin fin,
con principio...
El desgarre del árbol
que seremos,
raíz y anchura,
al fin.
Te sigo esperando.

RUEGO

Cierro mis ojos y lo siento,
nebulosa forma celestial.

Nada soy, padre,
ni auxilio te pido
porque ya estás bajo el trueno
que me sacude,
bajo el mar donde podría perderme,
bajo el sol que no me quiere,
bajo el rojo, el verde o el color
que quieras inventarme.

Soy esa libélula casi muerta,
atrapada porque sí,
en el pretil de una ventana.
O la rosa roja de un fértil
jardín donde mi madre reina.
O ese deseo hambriento
que no se detiene nunca.

Dame el nombre de tu metáfora perfecta
para seguir cerrando mis ojos y decir:
amén.

RELOJ SIN CUERDA

Cada latido extraviado
    es el minutero del olvido.
¿Podrás algún día amarme?
Le digo a ese,
caminante del estrecho
pasadizo de la lentitud.

¿Podrás algún día amarme?
Y yo con mis manos derretidas de barro
me reconstruyo para que no sufras más.
Tampoco la soledad es una virtud,
más que la suma de dos cuerpos desnudos
que sonríen de su vejez.

¿Podrás algún día amarme?
Es pronto, lo sé, los planetas a veces se
tardan en el Universo de la impaciencia
pero siempre, siempre, llegarán a la luz,
solo si tú me esperas.

No hay canción de amor,
si dos gotas no se unen,

si dos cuerpos no se encuentran.
Amaré el río de tus ojos
que son ciegos en mis lunas.
Amaré la montaña de mi cuerpo que no
caminas y descubres.

No hay canción de amor,
si nos pesan los recuerdos
y son tan presentes de pasado
que no nos dejan continuar.

Amaré la nube de mi espalda
que no busca otra cama en su desolación.
Amaré la noche de mi manos
que ya no son luz sin tu pasión.

No hay canción de amor,
sin un amor apasionado,
dispuesto a volar incómodo
y humilde,
me regale no solo intenciones sino su cora-
zón.

VAN GOGH

Azul
delgadísimo azul,
vértigo en la huida,
nubes tras el auxilio,
ímpetu en la brocha que desafía con ritmo
los colores
       del dolor
       del suicidio.
Te entiendo
fuga y desesperación,
cuerpo incontrolable,
demasiado sentir,
atrape de un círculo,
tras otro,
tras otro,
detrás de mí.

Flores y rostros que ya no son y son en
una pintura sin fondo como el girasol
muerto.
Lo sé, queremos vivir
pero ¿cómo...?

OTRA VEZ, CONTIGO

Desde el epicentro,
desde la luna llena del rábano y el jugueteo
        de las mariposas,
estás en mi imaginario.
No importa tanta luz,
en tanta oscuridad.

No importa la fantasía o la utopía,
el sol es tibio cada mañana.

Estar contigo es lo que importa.

VUELTA A 360° GRADOS

Te dejaré ir.
Es recurrente lo verde del árbol,
el blanco de la nube en su auxilio de paz.
Paz, paz y siempre para el mundo.

Ha pasado tanto que sé
que no poseo pertenencia,
        ni casa,
        ni amor,
        ni país.
No puedo buscarlo sin que me halle y todo
quiera quedarse.
¿Alguien quiere de mí esta luz
        que no se ve, pero que es?
¿Alguien quiere este pedazo muerto
        que vive entre utopías y flores?

La montaña quiere vivir,
el sol no sale a la hora acostumbrada.
Si lejos te vas, lejos me quedo.
Fluir es una palabra que me incomoda.
Volar es el águila y la huida perfecta.

Desde esa altura puedo divisar
la noche de luces
en la casita de todos los que desean soñar.

Siempre llevo muchos colores
de rostros que imagino salvar
y el blanco
y negro de la osadía.

Quiero mi libertad una tarde inesperada y
llena de pájaros.

Ya no sé a quién escribo,
si la soledad es lo definitorio,
dejar la memoria de lo que fue o de lo que
será, o guardarme en cajón y esperar que la
noche siga cada día como se espera el ama-
necer.

La luz
tiene una música
y un color desorbitado.

Me levanto con gratitud e igual tanto que
dar gracias, tanto que perdonarme y tanto
por aceptar al otro en su mundo temporal.

¡Despierta, la vida es la lluvia que riegas y
que algún día, florecerás!
Habrá siempre una sorpresa que te ani-
mará y cuando menos pienses todo vendrá
con alegría.

El jardín de flores silvestres en inmensos
campos y el amor abrazado a tu alma serán
los ojos hacia el bálsamo de la fe.

#CuerpoErógenaSospecha

ANATOMÍA

Los torsos y nuestra fisiología.
La esquina de una pierna
conjuga los deseos de la otra.
Abrirlas como si las mentiras no existieran.
Entrar y salir de los agujeros negros.
Sentipensante,
sexipensante.
Dios
de tu cuerpo,
del mío,
del nuestro,
fugaz y no la estrella,
sino la osadía,
el complemento…
de lo distinto,
de lo exacto,
de lo único,
de lo antinatural.
Amasarnos de químicas y malas palabras,
al unísono de esa canción
que se inventa para fluir.
Es la oración de la anatomía.

Z-ERÓGENAS

Nuestras zonas de isleta
son pedacitos sexuales
donde el mar intuye
    sus olas,
    sus corales,
    sus miedos.
Es la excitación del agua,
el elemento de la desesperación
    en la hendidura del vacío.
Es tu profundidad y la mía,
        palabras,
          caricias,
        palabras,
          caricias.
El poema construye una espalda infinita
    para adormecer,
    para vetar la entrada
        de todos los espacios.
Tanto territorio fértil de nosotros.
Azulejo bien puesto,
diseñado de rombos en la fabricación,
como el amuleto de lo que será,
nuestro encuentro.

PEZONES DEL MAR

Mamífera, agua de sal.
Remolinos en su areola, ola, olas...
vagabundas, grandes y espontáneas.
Me nadas y te ahogas.
Última respiración.

MUSLO EN LA CORDILLERA

Recorro tus cordilleras
en la altitud de mi deseo.
Muslo de anchura vegetación,
salvaje roce,
camino de árboles profundos,
es la estación final de mi orgasmo.

CUELLO DE ESTRELLA

Los besos
se alargan
como
jirafas ingenuas.
Enloquezco.
Tu
lengua
es
esa
arrogancia
que
me hace gritar
sostenida
a
tu
cuello.

OREJA DE AZUL PENUMBRA

Silbo colibríes cerca de tu oído.
Me auxilia morderte.
Me cantas pájaros, placer del cielo,
canto como si la luz me naciera.

VULVA FLOR DE FLOR

El pétalo se abre como en cámara lenta.
La ciudad duerme, mi ciudad,
y la semilla se cultiva en tu habitación.
Hay demasiado jardín dentro de mí.

MULTIORGASMIA
EN LAS FASES DE LA LUNA

Existen revoluciones,
cuerpo a cuerpo de pancartas,
mi guerra de las galaxias,
un aspirar tras otro,
tras otro, tras otro...
existe la reencarnación.

ERÍZAME

Vos que te dices ausente,
piel de la lengua exacta,
aquí me tienes,
despierta por todos mis costales,
ingenua si pretendes merecerlo,
leopardo si me quieres excedida.

Todo es una pretensión para tu sexo,
una asfixia de la cama aquella noche,
un morbo suculento,
una intrépida espalda que me acuna.

Decirte que los cuerpos
se construyen juntos,
y que no hay solidez más perfecta
        en el amor
que haciendo el amor.

SED

Si atrapas mi líquido
como si fuera una botella,
me beberías lentamente,
recorrería tu garganta,
entraría en catarata y lluvia,
solemne,
virtuosa de rapidez,
ligera de miedos,
para calmar de una vez por siempre,
tu sed.

CABELLO DE MEDUSA

Tocas mi cabello,
los dedos se esconden
y mi cuerpo/árbol
se desrama en escalofríos,
sigue, toca cada hebra como si tus manos
fueran viento,
como si fueras la medusa de la perdición.

CLÍTORIS SILVESTRE

Siente el pétalo,
se abre con dulzura silvestre,
se mueve, se mueve, no deja de moverse,
es un azul intenso de flor pequeñita,
revienta al amanecer.

GLÚTEOS DESDE MI SOMBRA

Tus dos girasoles fuertes
se posan en la sombra de mi pared,
luego, me sostienen de claroscuro,
te nalgueo
como reventando globos perdidos
en una tarde de cielo extenso.

COMPULSIÓN

Impulso, dendritas conectadas y convulsas,
ceguedad, torpeza inmediata,
todo es una pulsación del hambre,
cuerpo en cuerpo ajeno,
labio propuesto que no se sabe dominar.

AUTOEROTISMO

Todo inicia con pensarte,
aúllan mis lobos,
quisiera poseer ese dios que escondes,
y ser la bestia.

Hay alma entre mis piernas,
mis manos son racimos que toco una y
otra vez
para hacerte el vino,
lo bebes tan real,
que me desgarro de libélulas.

Es la excitación del colibrí.
Saboreo cada pistilo llena de frenesí,
vuelo desesperadamente,
hay un colibrí entre tus piernas.

CORAZÓN QUE SE DESCIFRA

La piel
debe
adiestrarse,

darle corazón,
darle otro día
y otro día,
y descifrar el secreto
para jamás
separarse.

ALDABA ROTA

No quiero decir que el mármol y el agua
tienen una relación posible con el deseo.
Tan posible es la piedra en mi argumento.
Tan posible eres vos en la soledad.

La velocidad es una sensación numérica
cuando te leo   volátil,
cuando te aspiro de polen en polen,
llena,
auxiliar del poema con que te encuentro.

Busco la lámpara que frota mi apetito,
perfilada,
ausente desde la luz,
eres la infinita ruptura de mi aldaba.

CUERPO ESCRITO

Todo ese desatino es la fuga
    de la serpiente.
La velocidad del arrastre en mi ascetismo.
Mi silencio en la voz de la hoja que el in-
vierno detiene.
Es la palabra indebida,
mal puesta,
borrable de sí misma,
la que me dice lo virginal de mi concepto
en el amor.

Insisto en la infamia de los otros,
con mácula y bochorno,
con insipidez y miedo,
tan mínimo de ellos
en los nidos de oropéndola
con su vértigo de desdén y altitud.

Somos palabras bonitas,
a veces, antónimos y mayúsculas,
un yacimiento abstinente,

o piedra del odio que no dice nada,
pero sostiene todo.

Tenemos facilidad de ser
en la ruindad de una hamaca inservible,
esencia de una paja en el ojo ajeno,
una vida en el habitad muerto, de mi
cuerpo escrito.

MANTIS

El mito es que no puedo ni mirarte.
Eres mi mantis
en la sospecha diminuta
de no controlarlo.
Tal vez,
me detengas
como insecto de tus ojos.
Tal vez,
doy pasos disfrazados,
mínimos,
y no me descubras.
Quizás es el efugio
de las rabias y dioses que inventas,
solo un reflejo,
una decisión:
seguirme escondiendo
para que creas
que has logrado encontrarme.

IMPREVISTO

Tan rota me ves
como trébol de mala hierba,
lo cortas de raíz
porque todo lo fastuoso incomoda
si no se entiende.

Mírame
como un orden continuo de imprevistos.
Tócame
como himen fatigado en la primera noche.
Ámame
como la revolución
de tantas patrias expulsadas.

No es mesurado el olfato
cuando te presiento.
Tan claustro es la piel que no traduces,
lee esta escritura del nosotros,
allí construiremos
la vecindad del deseo.

DECIRNOS

¿Por qué me esquivas
con esa tenacidad del ego?
Somos
un gesto,
una provocación al bien,
una irritante vejez que no cesa de brillar.
No somos nada más
que hueso móvil de penas y fracasos.
No me asusta la contradicción,
es un grito de presencia,
yo existo,
yo pienso,
yo afrento.

Escucho con silencio,
porque escuchar
es el nido de las otras ideas,
lo escatimoso de nuestras diferencias.
Aplaudo la intención de lo creado,
de lo íntimo,
del poema abierto.

Hay un nosotros de domesticación,
un infarto con el que no merecemos morir,
una endorfina temperamental que nos
hace buscarnos
en esta estación confusa de decirnos
la verdad.

IMAGINO

Pobladamente mentirosa
es la forma de decirme que estoy bien,
hacinada,
combatiente
en la insolencia de la premonición.

Toma su lugar...
otra manera de imaginarte.

DESVERGÜENZA

Hay días donde escatimarle al universo se
vuelve inapropiado.
Es el cisma de mi interior.
Lo roto de la divagación.
La pirueta de un pez payaso.
Es mi escaramuza contra todo el mundo.
Lo selecto de mi imperfección
y de mi perro que ladra sus segundos
como si fueran los últimos.
Me vuelvo sierva del trébol
que corto pensando en nada.
Perdón, pienso en alguien, es cierto.
Pienso en el festejo
que una vez me tuvo seducida
y pienso en mi seductor.
Los objetos los tomo como empuñadura.
Los suelto como ríos
que ya no tienen corriente para atrás.
Me arrasan las piedras que me someten.
Me liberan las sombras
que sé son sombras de otras sombras.
No soy una dúctil flor de verano.

No siembro lo que ya puedo ver crecido.
Es el atropello de mirar demasiado.
De mirarlo todo,
como una huida,
como la humareda de lo muerto,
o de lo vivo.
Excavo la colina de mi mente,
la antigüedad de mi pensamiento,
el escarceo de mi ironía y supongo,
que al fin entiendo,
lo copioso que es verme en los otros,
en las cosas ajenas,
en el afán de la censura.
Me vuelvo a recostar en mi hamaca
con la frescura de ser más simple,
no rebuscarme de antologías,
no podrirse en voluntades,
y me vuelvo a mecer
como si nada en el descaro,
hubiese pasado.

ÁRBOLES AMARILLOS

Eres un bonsái entre mi cielo y tu tierra,
la raíz que no fecundó
por lo siglos de nuestras miradas,
por la altitud de estar en el medio de un
perdón que nunca nos dimos,
tantos pájaros en tu pecho de
     árboles amarillos,
tantos cantos sin pensarme,
tantos labios sin el regocijo de mi lengua.

Ya ni te acordarás del julio
     que nos cubrió de deseos,
de pensar en lo definitivo
     que fue por una noche,
una noche, tan solo una,
en nuestros cuerpos.

El llanto se acercó
cuando abracé tu espalda
y el orgasmo nos despidió para siempre,
nunca fue para siempre desde tu memoria,
lo fue para mí desde el Edén perdido.

MADRUGADA

La madrugada es una amante.
Es la fiera
que empieza a ser día transcurrido.
Nace del ruido de mis golondrinas.
Piensa que el árbol se mantendrá de pie.
Piensa si en el camino
vendrán los pasos iniciales,
si vendrán los tuyos,
los del amado,
los del silencio.
Y se asoma despacio,
como enredadera en el cielo
hasta esa epifanía cuando me da la luz.
Amanezco contigo,
amanezco en mí.

SUBURBIO

Tu cuerpo
no es la ciudad que desconozco.
Son labios de pan seducido,
comerlos como en la noche
que se asume añorada.

Hacer de tus ojos, un edificio enorme,
donde pueda trepar desde tu vértigo.

Antes podía caminar por tus calles muslos,
decirme que en ellos
transitaba enloquecida
pero el día se va como el semáforo en rojo,
me detienes, me detengo,
en este suburbio de amantes
que no se encuentran.

VANGUARDIA

Decime el año en que nos inventamos,
la vanguardia donde escribo —cuerpo—
no soy planeta hacinada al sol,
soy un punto uniforme de equivocación.

Afino la terquedad.
Rehúyo del concepto del mundo,
de su canto de muertes y máscaras.

Somos ese instante que no importa nacer,
lo que atañe
es vivir en la partícula perenne,
en el reposo lejano de unos brazos,
en la ficción marina
de un deseo escondido.
Tan indefensos somos,
tan desprendidos,
tan amados
en la naturalidad de un beso.
La danza del sufí

La traición tiene el vértigo del Sufí.
Baila sobre nuestro vestido rojo y largo,
tan inocente
y suelto de estructuras…
ya cuando nos damos cuenta,
detenerlo es un mareo absurdo,
un perjuro demás.
La voz de sus cantos,
el argumento cansado,
chillante de la alevosía.
Se apresura
como una emboscada que nos hiere.
Nos hiere lo que no se detiene,
lo que no se explica,
el beso vacío,
lo que se disimula.

PREGUNTAS

Si fueras mi amor,
el verbo me saciaría de himnos.

Cada domingo siendo huésped de tu es-
palda, me preguntaría:
¿Cómo serían nuestras manos?
Dos ríos incansables.

¿Cómo serían nuestros pasos?
Palmas y ráfaga de viento.

UN LIBRO DE BOSQUES

Hay una hoja seca en mi diccionario,
casi es tan viviente
como el día en que la recogí.
Mantiene el color fatigoso de lo necio,
lo somos
cuando pedimos memoria de este modo,
eres una hoja seca
en la moltura de un corazón,
te guardo
como las mentiras que me circulan,
aire explotado de mi biblioteca,
algo así como deseo hecho amor.

SIN CONEXIÓN

Ayer tomé una foto del cielo
y estaba llena de cumulonimbos,
tanto parecida a nuestra historia,
con sus pedacitos de gas revuelto,
blancos de sí mismos,
intrépidos para mirarlos
desde este lado tan abismo,
tan secuestro del amor,
tan perdidos de crisantemos voladores.
Así sobrevuelan nuestras ansias
cuando no se comunican.

VERGÜENZA

Descubro que lo nuestro
se vuelve un azogue,
un amarre hacia mi voluntad,
no penetrar la barca en sus aguas limpias,
rezar como un pecado que no termina,
tener culpa
por los campos labiales de la seducción.

Amante del cóndor,
condénsame de pieles aéreas,
no te detengas de espejismos,
mira la cruzada
en la que batallan mis ganas,
morir quisiera por tus auxilios.

¡Qué atropello solo mirarnos en la ruleta,
atrás de la espera,
delante de mis senos casi en vergüenza,
en desamparo
por estas soledades que no acaban!
¿Dios nos acompaña?

Los ojos se cierran por alguna razón,
decir que la mañana amanece
con un dios distinto.
La pregunta de siempre
¿Dios nos acompaña?
La luz está presente en mis ojos,
la flor natural y erógena,
deseos llamados pecados,
el dolor se acumula
como disimulo de la flaqueza,
el Dios mío
es una incertidumbre de auxilios,
de nombres intensos,
la desesperación
de cuestionar la vida o esperar la muerte,
la gratuidad hacia algo,
hacia la belleza,
hacia lo incomprendido.

Soy la muñeca guardada
en un cajón de cosas viejas,
no sé qué esperar de allí,
los amores del para siempre,
mi vida guardada de memorias,

un consuelo de lazos invisibles,
¡alguien sáqueme de aquí!
que Dios tiene laberintos
que no encuentro
y me siento perdida.

SIN MANCHA

Pecaminosa es un término de tributo.
Pecar en las llanuras del cuerpo,
sentirme ardor de otra boca
y en la ficción donde cae el deseo.

Pecar desde la memoria,
desde el intervalo donde nos tocaron por
última vez,
desde la leyenda,
desde la rogativa imposible.

Pecar por insustancial,
con la ingenuidad de un impulso
y la bagatela de la desnudez.

Pecaminosa es la dulzura
de la terquedad amatoria.

TERTULIA DEL CUERPO

Mañana no será mi vida,
antes que el tiempo transcurra,
basta mi oxígeno y mi café para determinar
si me lastiman tus mares.
Ridícula me siento decir: amor, amor
grande, amor inmortal, amor de frenesí.
Solo te diría amor
como levantarse cada día,
imaginar que tan trivial sería
si se nos olvide lo que significa.
Es un agujero amarte, entrar allí,
tan oscuro de despeñaderos,
tan penetrante por no regresar,
dejarnos perder
en esa profundidad planetaria,
un coral negro casi muerto
por los peces que ya no habitan.
Pues me habitas como especie natural,
como depredador,
como cardumen.
Solo quisiera que te sientas conmigo
a ver la tarde y tomarnos el café presente.

PAUSA

Busco el silencio
como amigarse de la nada,
como desposeerse del auxilio.
El ruido me marchita
con insolencia de dos cuerpos desnudos.
Hay una prisión oculta dentro de mí,
solo tolero la frescura
que a lo lejos escucho.
Hay un tumulto de voces que amo,
    de pájaros,
    de lluvias,
    de ramas tras el viento.
La voz secreta del amante.

La ciudad es contener, forcejear, amurallar.
Sus gritos, sus disparates, sus gemidos,
    sus bocinas hacen que muera
    un poco todos los días.
Aspiro vaguear y reposar en tus pies
como el humilde caracol de mi jardín.

APETITO

Mi pupila
tiene su propio lenguaje amoroso.
Se abre agreste con solo la persuasión
    de pensarte rumiar
como infinitivo legislador de mis impulsos.

Se abre indecente
como eclipse indefenso a morir,
es la avidez de agonizar
    insurrecto,
    pasajero,
    luminoso
tras el rastro,
dudoso de mirarse,
bello porque sí y porque no,
y caer en este par de ojos que te miran
más allá del enfoque.

ATRACCIÓN

Te atreves a buscarme inapeable
como un juicio que nos debía el tiempo,
como un encuentro vampiro
donde la juventud una vez nos atrajo,
como el mar oscilante
de tu lengua ansiosa,
todo eso, con la marea de no regresar,
con la inhabilidad de siempre,
con las leyes obtusas y prohibidas,
con la insolencia de odiarnos deseando,
amar la vejez construida en otros,
y engañados con la nuestra.
Nunca hubo tiempo
ni permanencia intrépida.
Voraz tu boca,
insulsa,
incalificable.
Solo hubo
desnudez,
verbos largos
palabras que amaban lo que fuimos,

rebeldía,
apatía,
desafuero.
Somos una conversación grata
de malas palabras,
de grandes autores,
de estupideces ateas y políticas añejas.
Estúpidos amantes ocasionales.

OXIGENACIÓN

Alivianada para decirme
que pensar en vos tiene su algarabía.
No sé si es el nombre que imagino.
No sé si serás el ángel que espero,
      el amén de mi cuerpo al fin,
      el oxígeno de mi planta o hierba,
Tan simple será
como besarte en este soplo imaginario.
Así eres.
Así fuiste desde siempre.
No hay candado para la memoria.
Todas hojas que libres
se apegan a mí.
Así será cuando despierte de esta odisea
de vivir rotando sobre mí misma y a la vez,
en la búsqueda del sol y su rumbo.
Me detengo ya en esta tradición
que es escribirte para decir
que llega a alguien,
que me espera en su laberinto.

PROXIMIDAD

Borro la ausencia que la lluvia me dice. Ésta.
Sí, el pocito de agua que me da sus reflejos.
Solo hay movimiento cuando ellas se disi-
\pan entre sí como si cada uno de nuestros
sueños se cumpliera. Llueve para este octu-
bre que siempre será conmigo, desnuda.

POSIBILIDAD

Como la libertad.
Como los sonidos del aire.
Como la esperanza que prosigue.
Como el miedo que no ha de ser.
Como la tierra que se retumba de raíces.
Como el tambor que asume
ecos de todas las distancias.
Como el amor que me llevará a vos,
y a todos lo que una vez
decidí amar con el cuerpo.

HACIA ADENTRO

Se mueve la piel
como un letargo imaginario,
de donde naces, todo es sencillo,
flor de campo y madrugada,
arrumaco de neblina y pasto.
La amistad tiene canastas de frutas
y honduras de la tierra.
Sabremos digerirla como una eternidad
que se posa atrevida frente los árboles.
Todo vendrá como un camino de
similitudes entre el abrazo y la compañía
de la danza y las galletas.
Así no más, tendrá memoria el futuro.
Seré campana que suena con la poesía.
Fui, soy, estoy, estaré como todos los días
entre las esquinas y los ángulos.
Precoz, deseosa, piel desde el roce,
desde el agua de una boca.
La familia viene con uno
y está con uno
y no puedes desamarrar
su ramaje de liturgias.

A otros se les suelta...
Todo sigue con su aroma y movimiento.
Las flores, siguen de pie, aunque tengan
ansias de sus cenizas.
Me he comido la fruta de su forma,
con la excitación de la acidez.
Espesura del color

Tengo la piel que cede a su color amarillo,
la premura de sentirte imaginario,
cerca tan cerca
como vuela la espesura de una nave
que llega pronto a su fin,
vuela, vuelo,
tan naranja es la imaginación,
tan sedienta es la estrella,
tan ciego el dorado de un pez
y la alfabetización de lo que soy.
Todo atrapa mis sueños entre formas
y colores,
todo es tan marítimo,
tanto de luna,
tanto de fuego,
tanto de mí.

PROCESO

Para llegar a vos,
siempre habrá un proceso infinito.
Un proceso de lapas en mis uñas volando
    sobre tu espalda,
uno de licores y frutas mordidas
    sobre mis senos,
uno de distancias que juegan
    a buscarse en desesperación,
uno entre mi labio diminuto
    y tu lengua de lagartijas.

Un proceso que no busque historias finales
    sino inicios constantes,
uno entre tus dedos y mi clítoris,
uno de ruidos jaguares entre sábanas,
uno entre palabras
    y jergas asediándonos salvajemente.

Un proceso entre la ternura
    y los abrazos apapachados,

uno de marchas leales
    al paso de los elefantes,
uno de poemas inventados
    sobre un mismo cuerpo,
uno   de espera,
    de encuentro,
    de despedida y repetición.

Un proceso
    dentro de nosotros mismos,
      creciéndonos,
      hablándonos,
      gozándonos,
      amándonos,
      extrañándonos…
Mi proceso llegando a vos
y tu proceso
quedándose conmigo.

LEJOS

Quisiera ser la palabra "lejos",
para definir mis distancias,
liberar mis límites,
soñar mis posibilidades,
ser dueña de mí misma
y girar en torno de mis fuerzas,
para que mis ramas siempre estén arriba
como obteniendo su liberación.

Trepar escaleras imaginarias
para decirme
que todo es posible con el amor,
y su voz escondida.

No quiero y quiero,
tener que asumir
pretéritas formas de mi cuerpo.
Soy ese plural de mi hoy
y su transparencia.
Mañana seguiré osando
esta pieza de esperarlo y que, al fin, libre,
él me encuentre.

CAÍDA

Llueve con la saciedad
que no tiene respaldo,
sigue el agua su curso,
todo en mí, sigue,
ya no duele tanto la gota que dejo atrás
como la misericordia
que nunca me dieron.
Puedo caer como tantas cosas caen...
pero miro hacia arriba, dejo que el rostro
        se humedezca profundamente.
Las miradas absurdas
que no entiendo por qué se dan...
todo es inesperado como la aurora
que me mece dormida en su reposo.
El sonido sigue goteando
-sin salida e inexplicable-.
Ya no importa si el calendario diga
que es o lo que no es.
Ya el día se asoma perplejo
para resumir todos los hechos
que se unen en una única metáfora.

Ya los reflejos y sus desamores
no se asustan,
ni se asombran.
Ya la magia tiene un lugar distinto
en este río que sigue inundándose de ideas.
¡Qué importa decir
si crees o no en el amor,
si puedes ser libre o no!
En este cuerpo
que es distinto al que otros piden,
solo esta materia tengo
con esta ansiedad desesperada que me da
con su varita, la sal que tomo
para no salir del caracol.
Ya no importa si son
cien o tantos números
lo que me dicen
algo banal o de sabiduría.
La lluvia es simple.
Solo abro la cortina y miro,
mi soledad llover.

AZOTEA

Cuando digo que el tiempo
se arrulla con la lluvia
es que me asomo a la azotea de la infancia.
Aquella donde todo se detiene,
un hogar que llamamos
y que esperamos pronto.
Habrá muchos secretos
que aún no encuentro.
Esos deseos muertos
porque yo misma los maté.
Aun así, la luz me dice:
que este sosiego culminará
que mire arriba
donde las ventanas se abren
y los papalotes vuelan,
que mire siempre
con los ojos delante del trébol
y sus hojas benevolentes,
que viva al día de todas las formas.

#PandEróGena

CLAUSTRO

Tantas paredes y mi cuerpo, uno.
Esta pandemia
es un templo para mi vientre.
Volver a la oración,
a la santidad occisa y forzada.
Nunca más tu cuerpo.
Solo es erógena mi mente.
Solo se vuelve el ayer
como un auxilio a mi locura.
Ya ni saliendo de ella, estarás.
Ya no importa despertar la madrugada,
y ser el único ruido presente.
Sola con un virus rodeando mis murallas,
mi carne húmeda y vieja,
olvidó la partitura
del orgasmo.
No hay música.

PALADAR

Ya no saboreo,
no hay sal dominante de una piel.
Abre la boca el cielo
con su paisaje rojo
y mancha la idea ingenua
de que eres espíritu.
Mueres como un número estadístico.
Te envuelven y el plástico, no poético,
se pudre entre mis sueños.
Ni pude dejarte el clavel
y la fosa y yo,
son un imaginario.
Ya habíamos muerto, juntos.

DISTANCIAMIENTO

¿Cómo mido la lengua feroz a dos metros?
¿Cómo la voz llegará al infinito?
¿Cómo amarte sin final?
La distancia vuelve cada noche,
a otro país, otro cuerpo, otro mundo,
nada de eso importa,
será en otro roce de pieles que se abracen,
en cenizas o partículas,
pequeñitos dioses
sin inmortalidad.

EL VIRUS

¿Estarás?
La seducción de la muerte.
No podría besarte ni tocarte.
Pero ¿estás?
Pensarte es la más erógena flor.
Ella espera lo bonito en un jarrón,
ser olida, y ser deseada.
Sí, estaremos,
en el mar arrastrándose
como únicos pasos,
en la montaña
trepando la multitud de lo que somos.
Huimos juntos de este virus
seducido a desaparecer.
Jamás moriremos
porque para eso existe
la palabra eternidad.

CUANDO LOS CUERPOS OSCURECEN

La luz me da en la media cara,
la caricia es eso, una luz que deambula,
larguísima entre las sombras del cuerpo.
Se prende y se apaga.

PALO SANTO

Enciendo el trozo de madera,
es tan difícil mantener la llama,
que mitigo los aires con mis manos,
porque prenderte es tan divino
como decir amén.

VOLVÍ A VIVIR

Creí perder la respiración,
y no era por verte,
el oxímetro dio una longitud peligrosa,
estaba viva por el último aliento
que besé de tus labios.

ENCUENTRO

Tu cuerpo
no es la ciudad que desconozco.
Son labios de pan seducido,
comerlos como en la noche
que se asume añorada.

Hacer de tus ojos, un edificio enorme,
donde pueda trepar desde tu vértigo.

Antes podía caminar por tus calles muslos,
decirme que en ellos
transitaba enloquecida
pero el día se va como el semáforo en rojo,
me detienes, me detengo,
en este suburbio de amantes
que no se encuentran.

Decirse

Decir no para decir sí.
Decir espuma
como si el mar fuera tu espalda.
Decir noche
para cerrar las horas de tortura.

Es la voz que inventa sombras
en mi rincón de la desesperanza.
Es el espejo que se refleja
en mariposas muertas.
Es el consentimiento
para despedirme de mí misma.

Decir soledad
porque allá afuera existen otras verdades.
Decir camino
para llegar a ningún lado de la infancia.
Decir hija de alas grandes
o madre de anchura en los árboles.
Decirme todo para decirme nada.

IRREBATIBLE

El amor y el deseo
son axiomáticos y jugosos de savia.
El cuerpo es tangible,
un apetito es remolino.
Tan perfecto es el momento
de lo abstracto.
Solo abraza tan fuerte en la imaginación
y verás, la realidad perseverante,
lo sonoro del corazón.

#SocioEróGenAmbientalista

HUELGA

Hay levantamientos sociales.
Solo te rindes en mi espalda.
Suena la canción del palomar
a las 2 de la tarde,
Es más libre el ego que el amor.

Termino el mensaje en el celular
y no es digno llorarte.
Lamento el hambre, el desempleo, la
muerte sin asistencia,
amar deja de ser el pan de todos los días.
Los cuerpos no buscan desearse,
solo se alinean a morir.

Algún día, vendrá el diluvio de una boca,
ahí me ahogaré dichosa,
algún día.

ZARABANDA

La guerra nos la hace el mundo,
amarte más joven,
amarte de otro sexo,
amarte en igualdad de condiciones,
amarte sin civilismo,
como yo quiera,
y a quien quiera,
que se dispute lo contingente,
que el miedo no exista,
que la batalla sea unir dos bocas,
que la certeza sea el abrazo,
y el deseo, la última sentencia.

FRUSLERÍA

Es tanto esto de vivir sin cercanía,
que hemos disipado lo perceptible,
la sencillez,
la confesión,
el guiño de una mirada
    de embate y fuegos.

Se extraña el mensaje oculto,
y la tímida demasía del desnudo.
La erógena noche
donde cantan las lechuzas
y el río refleja la sumisión
de un cuerpo sobre otro.

Es la austeridad del virus que no ama.
Si amara,
todo fuera distinto
hasta vos y yo.
Sigilo

Hay un sello en el muslo Fruslería
que dice tu nombre u otro cualquiera.

Me toco allí para ver las galaxias
que un día alguien creó.
Es ruidoso el bosque
de mis ranitas de colores.
Brincan una sobre otra,
me siento anfibio
en la humedad de un vientre.

Es insoportable esto de mirar las noticias,
hacer que la realidad
se desprenda en las hojas ya muertas.
Me rebelo en el sopor de unas piedras.
Allí me escondo en libación y fertilidad.

Tantos hijos fueron
nuestros besos ya crecidos.
Tanto de bosque nuboso,
lo tuyo.

NOCTÁMBULA

¿Quién eres para declamar lo casto?
El Universo explota
en osadía y orgasmo.

Aguas que arden con volcanes,
partículas y partículas en desafío,
células que saltan puntuales
sobre el cuerpo,
y una mente, que inventa el amor.

¡¡Déjame que pronuncie lo erógeno, en
esta noche mía!!

TALUD

Dos almas en desplome,
con sus cuerpos imperfectos,
nada de eso importa,
la belleza no es un concepto de fugas y ni-
veles.
Tanteamos la noche
como si jamás volviera a hacerse de noche.
No hay intriga en aceptarnos,
el poema nos vence en riqueza,
es una bobería decirse que tantos defectos
no logren desearse.
Bañarnos juntos fue la solución
de esos complejos
que nos imponen.
El espejo nos dice
que brotamos de herbaje entrelazados
y pletóricos.

SENTIDO COMÚN

Regreso del trabajo como si hubiese vivido
una fábula. Hay rutina ya y su propia mora-
leja. Venir cansada hacia una cama rutinaria.
Esto de hacer el amor como una morsa de
agua dulce. Espero que el lado oponente sea
un fantasma más del recuerdo. La noche de-
seosa de amarme. Yo le respondo con una
risa tímida. Es el momento perfecto del éx-
tasis. Hay luna llena.

CUERPOS IMPULSIVOS

El pan es una necesidad básica.
No así la forma en que amasas mi pecho.
Sostienes la levadura en una boca amarga
    de deseos iracundos.

Un artista toma el color de tu vientre
    y se hace pincel milagroso.
Tienes un largo y denso día
    de arrepentimientos.
Domina esa desesperación de la nada
    donde abrazas
    los demonios internos
    que no se liberan en vos.

Suelta ese ser creativo en lo oscuro del dolor. Que el día es nuevo de absolutos y solo vos puedes detener los cuervos de tus ojos hambrientos.

Eres una canción. Te escucho en las notas de esa suavidad y ternura.

Ya lejos, la sirena duerme soñando con el marino cantor de sus miedos y le dice que estará allí sobre las rocas del amanecer sostenido.

Navega sobre las aguas,
aunque nunca llegues a mí.
Navega sobre la amada y amanece
con luz, dominio y amor primigenio.

Es tu boca, el mar
donde nadan los peces de colores.
Saltan de cordura porque entiendes la sal de su propio valor.

Siempre estaré si te inundas de vos mismo.

GRÁFICA FORMA DE DISEÑARTE

Escribes sobre mi cuerpo,
el abrazo finito y prolongado.
Estrecha fuerza de rotación.
La tierra en tus manos es el epicentro.
No pretendo darte la juventud
        que no tengo,
pero sí el hastío de gastarnos con locura
        una y otra vez,
como si la huella fuera
la del nosotros combatiendo
        soledades inertes, revistiendo
        la piel exacta,
la noche que será larga y continua.

Un logo de mi rostro
para tus largas noches
donde la impresión es
        liviana y amorosa.
Todo le basta la desnudez,
rascar tu espalda
como si escalara cada rincón
de tus campos minados.

Fuego que no cesa de encender.
No quiero la ceniza del olvido
o la herencia de las otras
que me dejan una historia incompleta.

Hazme un formato de nuestros ojos
deseando mirarse
como si allí naciera la odisea.
Esto de quererse subraya el miedo
de no darte lo que buscas.

Solo soy contigo una madrugada lenta,
llena de ventanas
donde otros se aman sin pretensión.
No voltees la idea de sujetarnos
como hiedras de campo.

Te espero con o sin luna en este oxigenado
amanecer.

JIU JITSU (D.G)

Diluvio en tu boca, amor,
hay lluvia, sumisión y agarre.
Dos cuerpos tendidos luchando orgasmos.
Goce a plenitud es besarte al infinito.
El vino jugoso del nosotros se bebe de in-
mensidad y deseos.
Soy una técnica en tus manos desbordada.
Una caída de húmedos torrentes.
La cama desordenada triunfa desde tu pri-
mer abrazo.

Dominio y Guepardo en la selva de mi
vientre.

Te inventas caminante de mundos.

Samurai solitario porque lo quieres y mi
espalda siente el desliz de la gacela muerta.

Hay fogueo de dos almas que se ansían
en el largo espacio del reencuentro.

Me vences esta vez,
diamante de luz y gobernable.

Es la insinuación sin tu nombre. Y mi
desnudez, la medalla olímpica de tus jue-
gos en luna llena.

Cuando venzas, me trenzarás en el suelo
con el movimiento incansable del Jiu Jitsu
entre mis piernas.

DESDE LA FUGA

Me ato
a la vida de occidentes líneas,
al árbol lleno de enredaderas,
a los cabellos de mi hija…

¿Cómo aguanto vivir?

el "cómo" es el poema surrealista,
la cola rota y moviéndose de un geco,

la Pizarnik que una pastilla no pudo salvar,
y parece extraño,
a mí me salva momentáneamente.

¿Habrá tiempo para soportarlo?
Trabajo conmigo la resolución.
Hay días que solo mi madre lo duda.

* A los 50 años de la muerte de la poeta argentina Alejandra
Pizarnik.

RINCÓN

El bosque seco y su última hoja.
Lo árido del cactus cuando hay memoria.
El abanico de ostentar fuerza.
Unos libros de más que no se leen.
Algo parecido a símbolos de árboles rojos.
Un tomacorriente que no sirve.
Lo circular, tan onírico de pozos donde no
hay agua.
Yo, esta tarde.

MI CAJITA

Me perturba mi cajita de medicamentos. Es mi pandora descubierta.

Es para no hablar con los duendes o reciclar de mil formas este dolor que llevo.

Hay un campo minado en mi cuerpo, pequeñas explosiones de cactus que me crecen y punzan.

No necesito la presión alta de mis volcanes y ese brote de banderas rojas en mi cara que se ondean ante el sol. Hay escamas de peces en mi cabeza y cada vez, que se me aprietan el corazón, nado en mi mar de pesimismo.

Hay una cadera de dimensiones distintas, y camino como escalera abajo, tronando sonidos y desgarres. Los músculos se vuelven pedazos de árboles caídos. Hay deforestación. No puedo sembrar más que una metáfora de enfados. Aun así, declaro que los venzo, que la mente es un torbellino poderoso y la pastilla se abre como flor de los milagros.

Hay una espalda de corchos gastados que no cierran la holladura y cada masaje primero tiene ecos de gritos y desesperación. Hay días con manantiales en mis pies, otros, como si caminara en la hoguera. Hay muslos perforados de nódulos hirientes, hay cansancio de desierto, esperando el oasis. Hay estrategia de guerra, unos vencen, otros ganan, cada día batallan a morir.

Son años débiles, telarañas mentales, azogues de miedo y ansiedad. Busco un paraíso, no de cielos ni de tierras triunfales, sino una neutralidad de esencias, más valiente que una tira cómica. De eso puedo reír. De lo mucho que suelto mis amarras y me libero.

Es la fe, es el universo, es mi madre o mi hija, es la poesía, es el abrazo, es la creencia

de mí misma, la que profundiza los miste-
rios de seguir viva.

LOS NIÑOS DEL FUEGO

Niño, pedacitos de niños que mueren y
forman un mosaico de vidrio.

Tantas lágrimas en el huacal del árbol,
   hermosísimo de lamentos y renacer.

Duerme, niño del mundo, que las sombras
siguen jugando a los carritos o a los muñe-
cos.

Ellos te llevarán al lugar de
   la alegría infinita.

No llores si un hada te acompaña.
Seca tu llanto con girasoles y cobíjate
   de la imaginación.

Los poderosos son ciegos ante
   el dulcísimo mundo de los colores.

¡Oh niños del cielo que claman!

CANCIÓN DE DELFINES DORMIDOS ENTRE LAS ROCAS Y LOS CORALES

Decir amor es demasiado urgente o tardío.

Romper la luz es volver al sol.

Ciega luna de mi cuerpo sin tu cuerpo.

Adiós es algo que no debiera decirse
cuando regresar es un corazón de
    tres colores.

Urbano es romper la monotonía.

Sensual es nombrarte en este espacio de
    ríos y lágrimas.

Uno, dos, tres...

Repite conmigo, amor,
la canción más triste y sin sentido.

SUBLEVADO

Me rebelo.

    Es natural en mí, que los ojos se agranden.

    Mirarlos es la seducción con la que otros mienten.

    Creerme el abrazo en la *Laguna azul* de mi inocencia.

    Es hora de dormir entre la noche y todos los deseos mutilados.

Nota aclaratoria:
Este poemario intencionalmente usa el voseo y el tuteo.

ACERCA DE LA AUTORA

Luisiana Narajo (San José, Costa Rica, 1968). Tiene una Maestría en Administración Educativa, estudios en Lingüística, Arte y Periodismo. Fue parte del Grupo de Poesía Activa Eunice Odio, los talleres de Francisco Zúñiga en Café INS y el Círculo de Escritores Costarricenses.

Tiene 7 libros de poesía; uno de ensayo literario; uno de literatura infantil; uno de crónicas y relatos; dos de textos educativos y cinco como editora de antologías generacionales en su labor de emprendedora cultural.

Su obra aparece publicada y traducida en diversas antologías y revistas literarias. Es articulista de la revista *Meer* y *larevistacr.*

Ha sido presidenta de la Asociación de Autores Costarricenses y de la directiva de la Asociación Costarricense de Escritoras. También, ha participado en diversos encuentros internacionales.

Promueve como activista, proyectos literarios, afines al servicio social con ejes temáticos como la Conservación ambiental, Jóvenes de alto riesgo social, el mestizaje, culturas aborígenes, mujeres Buzas, mujeres en prisión, mujeres en adicción, y sobrevivientes con cáncer.

Actualmente, es tallerista en diversos grupos comunales, docente en la Universidad Independiente y editora de textos educativos en la Editorial Eduvisión.

eróGena celebra el cuarenta aniversario de carrera literaria de la autora.

ÍNDICE

eroGena

#DiatribaErógena · 15

#CuerpoErógenaSospecha · 75

#PandErógena · 131

#SocioErógenaAmbientalista · 143

Acerca de la autora · 169

Colección
MEMORIA DE LA FIEBRE
Poesía feminista
(Homenaje a Carilda Oliver Labra)

1

Bitácora de mujeres extrañas
Esther M. García

2
Una jacaranda en medio del patio
Zel Cabrera

3
Erótica maldita / Cursed Erotica
María Bonilla

4
Afrodita anochecida
Arabella Salaverry

5
Zurda
Nidia Marina González Vásquez

6
Erógena
Luissiana Naranjo

POETRY
COLLECTIONS

ADJOINING WALL
PARED CONTIGUA
Spaniard Poetry
Homage to María Victoria Atencia (Spain)

BARRACKS
CUARTEL
Poetry Awards
Homage to Clemencia Tariffa (Colombia)

CROSSING WATERS
CRUZANDO EL AGUA
Collection
English Poetry in Translation
Homage to Sylvia Plath (U.S.A.)

DREAM EVE
VÍSPERA DEL SUEÑO
Hispanic American Poetry in USA
Homage to Aida Cartagena Portalatin (Dominican Republic)

FIRE'S JOURNEY
TRÁNSITO DE FUEGO
Central American and Mexican Poetry
Homage to Eunice Odio (Costa Rica)

INTO MY GARDEN
Collection
English Poetry
Homage to Emily Dickinson

LIPS ON FIRE
LABIOS EN LLAMAS
Opera Prima
Homage to Lydia Dávila (Ecuador)

LIVE FIRE
VIVO FUEGO
Collection
Essential Ibero American Poetry
Homage to Concha Urquiza (Mexico)

MUNDO DEL REVÉS
MUNDO DEL REVÉS
Collection
Children's Poetry
Homage to María Elena Walsh (Argentina)

NUEVA YORK POETRY PRESS
INTERNACIONAL POETRY AWARD
Collection

STONE OF MADNESS
PIEDRA DE LA LOCURA
Collection
Personal Anthologies
Homage to Alejandra Pizarnik (Argentina)

OTHER COLLECTIONS

INCENDIARY
INCENDIARIO
Fiction Collection
Homage to Beatriz Guido (Argentina)

SUR
SOUTH

Essay Collection
Homage to Victoria Ocampo (Argentina)

DESARTICULACIONES
BREAK UP
Other discourses
(Homage a to Sylvia Molloy)

Para las que claman, como Carilda
Oliver Labra "anoche me acosté con
un hombre y su sombra/ Las cons-
telaciones nada saben de eso", este
libro se imprimió en abril de 2023,
en los Estados Unidos de América.

www.ingramcontent.com/pod-product-compliance
Lightning Source LLC
Chambersburg PA
CBHW022007090426
42741CB00007B/932